Daniel Kern

Smalltalk-Kurs
für (angehende)
Netzwerker

Erweitern Sie Ihr Netzwerk monatlich um über 100
neue Menschen und gewinnen Sie dadurch eine
solide Basis für den Aufbau Ihres Business.

Bibliografische Information der Deutschen Nationalbibliothek:

Die Deutsche Nationalbibliothek verzeichnet diese Publikation in der Deutschen Nationalbibliografie; detaillierte bibliografische Daten sind im Internet über http://dnb.dnb.de abrufbar.

Foto: Fotolia © XtravaganT
Umschlaggestaltung: Sophia Valkova
Lektorat: Annette Scholonek

Herstellung und Verlag: BoD –
Books on Demand, Norderstedt

ISBN: 978-3-7347-8801-7

Inhaltsverzeichnis

Vorwort

Liebe Leserin, lieber Leser,

haben Sie schon einmal kleinen Kindern zuge-
schaut, wie sie aufeinander zugehen? Wenn
ihnen ein neues, unbekanntes Kind begegnet,
nähern sie sich voller Neugier. Sie sprechen es
ganz einfach an und dann beginnen die Kinder
miteinander zu spielen. Da gibt es keine Angst,
dass das Gegenüber es zurückweisen könnte.
So gewinnen unsere Kinder neue Freunde.

Vielen Erwachsenen fällt das erheblich schwe-
rer. Allein die Vorstellung, auf eine wildfremde
Person zuzugehen, verursacht manchen Menschen Angstzustände. Sofort geht in ihrem
Kopf ein Sturm von Fragen los: »Was, wenn die
Person meine Annäherung aufdringlich findet?
Womöglich sage ich etwas Dummes oder ich
störe die Person gerade ...« Innerhalb kürzes-
ter Zeit überzeugen wir uns selbst, dass es im

Interesse aller ist, dass wir die Person in Ruhe lassen. Und genau das tun wir dann auch.

Dieses Buch will Ihnen keine neue Strategie vermitteln. Um genau zu sein, ist das, was Sie mit diesem Buch lernen können, nicht einmal neu für Sie. Mit großer Wahrscheinlichkeit hatten auch Sie in Ihrer frühen Kindheit keine Probleme, fremde Kinder (und auch Erwachsene) anzusprechen. So gesehen soll dieses Buch Ihnen helfen, eine verschüttete Fähigkeit zu befreien und damit wieder in die Lage zu kommen, wildfremde Menschen voller Interesse anzusprechen und kennenzulernen.

Auch wenn die Beispiele in diesem Buch aus dem Business-Kontext stammen, können Sie die vermittelten Fähigkeiten genauso dafür einsetzen, Ihr privates Netzwerk zu vergrößern, Ihren Freundeskreis zu erweitern oder sogar Ihren Lebenspartner zu finden.

Wie auch immer Sie Ihre neue Fähigkeit einsetzen, ich wünsche Ihnen viel Erfolg dabei.

Ihr Daniel Kern

Smalltalk – was ist das?

Wikipedia schreibt zum Smalltalk:

Smalltalk (etwa »ein Schwätzchen«; von engl. small „unbedeutend, klein" und to talk „sich unterhalten") ist eine beiläufige Konversation ohne Tiefgang.

Obgleich die Themen unbedeutend und austauschbar sind, hat der Smalltalk als gesellschaftliches Ritual hohe Bedeutung. Er vermeidet peinliches Schweigen, dient der Auflockerung der Atmosphäre und ist der Einstieg des gegenseitigen Kennenlernens, beispielsweise von Geschäftspartnern. Smalltalk zeigt das Interesse am Gegenüber oder gibt es zumindest vor. Die Themen unter

Fremden sind meist sehr allgemein gehalten. Schon beinahe sprichwörtlich ist das „übers Wetter reden". Dieses Thema hat den Vorteil, dass jeder eine Meinung dazu haben kann und dass Meinungsverschiedenheiten akzeptabel sind. Außerdem kann das Wetter Einfluss auf die Aktivitäten eines Menschen haben und damit zu weiteren, persönlicheren Themen hinleiten.

Typische Fragen sind z. B.:

„Wie geht's dir?" (als Einleitung)

„Wie geht's deiner Familie?" (unter Erwachsenen)

„Was machst du heute noch?" (um auf ein Thema zu kommen, das ergiebiger ist)

Manchmal führt auch die Tatsache, dass man einfach etwas

„loswerden" muss, zum Small-talk. Auch wenn man wie bei-läufig etwas Bestimmtes erfah-ren möchte, kann der Smalltalk als Mittel genutzt werden, um das Thema unauffällig anzu-schneiden. Ein gutes Mittel, um von einem ungelegenen Thema abzulenken, ist das Fragen.

Menschen, die weniger tiefge-hende Gespräche und mehr „Smalltalk" abhalten, sollen wissenschaftlichen Studien zu-folge unglücklicher sein.

Ist man mit jemandem besser vertraut, ist es freier wählbar, ob ein Gespräch mit allgemei-nem Smalltalk beginnt oder gleich ein bestimmtes Thema angesprochen wird.

Beim Smalltalk geht es also darum, mit Men-schen ins Gespräch zu kommen und sich ge-genseitig verbal abzutasten. Gegenseitig finden die Beteiligten heraus, ob sie das Gespräch intensivieren möchten oder einfach ein nettes kleines Gespräch führen wollen, um sich die Zeit zu vertreiben.

Training zum professionellen Smalltalker

Das Smalltalk-Training umfasst zwei Hauptthemen. Der erste Teil zeigt, wie Sie die eigene Kontaktangst überwinden, sodass Sie auf andere Menschen wie in Ihren Kindertagen zugehen und einfach »Hallo« sagen können.

Wenn Sie zu den Menschen gehören, denen es nicht leichtfällt, fremde Personen anzusprechen, gehören Sie zu der großen Mehrheit.

Ich gebe zu, dass ich selbst lange ein Kontaktmuffel war. Wenn es auf einer Business-Party einen Stehtisch gab, wo keine Gefahr bestand, dass sich jemand dazustellte, stellte ich mich genau dorthin. Nach ein paar Stunden »Networking« verließ ich dann frustriert die Veranstaltung und ärgerte mich, schon wieder einen

Abend verschwendet und viel zu viel für Eintritt und Verpflegung bezahlt zu haben.

Auch heute kommt es noch vor, dass in meinem Kopf ein ganzes Feuerwerk von Gegengründen explodiert, wenn ich mir überlege, einen Fremden anzusprechen. Das kennt fast jeder. An manchen Tagen gebe ich diesen Einwänden nach. Wenn ich sie aber überwinde und auf Menschen zugehe, wird in fast allen Fällen aus der langweiligen Veranstaltung eine spannende Party mit vielen interessanten Menschen und Gesprächen – und oft wird aus dem einen oder anderen Kontakt ein Geschäftspartner.

Irgendwann hatte ich gefühlte tausend Netzwerk-Events hinter mir, wo ich am Rand gestanden und neidisch zugesehen hatte, wie wildfremde Menschen miteinander ins Gespräch kamen, Spaß hatten, weitere Termine vereinbarten oder Kontaktdaten austauschten.

Mein einziger Profit aus der Teilnahme am Event waren ein paar am Buffet ergatterte Häppchen und das eine oder andere Getränk.

So konnte es nicht weitergehen und ich beschloss, an mir zu arbeiten. Doch wie ich so bin: Das Ganze musste geplant werden, und so habe ich meinen eigenen Smalltalk-Lehrgang entwickelt. Dies ist die Basis dessen, was Sie hier lesen. Allerdings, Sie ahnen es: Man sollte jemanden, der keine Ahnung von einem Thema hat, keinen Lehrgang entwickeln lassen. Das muss schiefgehen.

Tatsächlich ist es das auch; zumindest am Anfang habe ich viele Fehler gemacht. Aus diesem Grund veröffentliche ich hier nicht den ursprünglichen Plan, sondern das, was daraus geworden ist – das Resultat meiner eigenen Entwicklung; das, was ich aus Erfolgen und Misserfolgen gelernt habe.

Dass das Ganze erfolgreich ist, sehe Sie daran, dass ich heute den überwiegenden Teil meines Umsatzes und Einkommens durch Business mit Menschen aus meinem Netzwerk oder den Empfehlungen an deren Freunde erziele.

Das Vier-Phasen Modell des Smalltalks

Das Vier-Phasen-Modell habe ich selbst entwickelt. Gerade ein Thema, welches für viele Menschen mit Unwohlsein und Ängsten verbunden ist, unterteilt man am besten in kleinere, übersichtliche und verkraftbare Einheiten.

Das Vier-Phasen-Modell besteht aus den logischen Schritten eines Smalltalks.

Phase 1: Ins Gespräch kommen

Im ersten Schritt geht es darum, einen Menschen anzusprechen. Gerade dieser Vorgang bereitet den meisten Menschen viel Kopfzerbrechen. Viele fürchten sich vor Zurückweisung. Was ist, wenn mein Gegenüber mich lästig findet, ich mich blamiere, mich verspreche oder die Person meine Sprache nicht spricht? Wir fühlen uns in dieser Situation verwundbar. Man offenbart seinen Wunsch, den anderen kennenzulernen, und hat Angst davor, eine Abfuhr zu bekommen.

Hier hat jeder seine eigenen Techniken. Ich selbst überzeichne die Situation gern und male mir aus, was denn maximal passieren könnte. Womöglich habe ich es ja mit einem verrückten Massenmörder zu tun, der meine Innereien wie Hannibal Lecter als Delikatesse zubereiten möchte? Spätestens wenn ich mir mein Gegenüber mit der Hannibal Lecter-Maske aus dem

Film vorstelle, habe ich meine Befürchtungen überwunden und muss lächeln. Echtes Lächeln und Angst schließen sich aber gegenseitig aus. Andere Menschen halten sich am Bewusstsein fest, dass sie gut vorbereitet sind und viele interessante Themen vorbereitet haben, die als Gesprächseinstieg taugen.

Bevor Sie das eigentliche Gespräch beginnen, schauen Sie sich Ihr Gegenüber kurz an. Finden Sie an ihm (oder ihr) einige positive, interessante Aspekte? Das hilft Ihnen, positiv auf die Person zuzugehen. Menschen merken unbewusst, wie Menschen zu ihnen stehen, und mit positiven Gedanken zu Ihrer Person können Sie den Zugang erheblich vereinfachen.

Die Forschung hat herausgefunden, dass nur 5 bis 7 Prozent der Kommunikation aus Worten besteht. Zu 35 bis 38 Prozent entnehmen wir die Informationen der Stimme und dem Tonfall und zu über 50 Prozent der nonverbalen Kommunikation. Damit ist gemeint, wie wir auf den Menschen zugehen, also Mimik, Gestik, unsere (Ent-)Spannung etc. Wenn Sie sich im Vorfeld die Zeit genommen haben, Ihrem Gegenüber ein positives Gefühl entgegenzubringen, verbessert dies die Elemente der nonverbalen Kommunikation, die wir kaum bewusst beeinflussen können, dramatisch.

Anschließend gehen Sie in Gedanken Ihre Themenliste durch und überlegen sich, welches Thema besonders geeignet wäre, um die Person anzusprechen. Abhängig von der Situation und Ihrem Gefühl, wie Sie die Situation wahrgenommen haben, können Sie entscheiden, ob Sie eines Ihrer vorbereiteten Themen wählen (das sind sozusagen die Sicherheitsthemen, wenn Ihnen nichts anderes in den Sinn kommt) oder ob sich aus der Situation ein Thema ergibt, das mehr passt.

Vergessen Sie bei der Ansprache nicht, sich

kurz vorzustellen. Je nach den Umständen und Gepflogenheiten der Gruppe kann das nur der Vorname, Vorname und Nachname oder Ähnliches sein. Sind Sie neu in einem Kreis, schauen Sie, wie die anderen vorgehen.

Für die eigentliche Ansprache eignet sich eine offene Frage, auf welche der Gesprächspartner sicher antworten kann. Gemeint ist eine Frage, auf die man nicht nur mit Ja und Nein antworten kann, sondern eine, die zu längeren Antworten führt. Im beruflichen Kontext könnte eine Frage nach der Tätigkeit sinnvoll sein.

Beim Smalltalk geht es nicht so sehr darum, dass Sie Menschen etwas erzählen, sondern darum, mit ihnen ins Gespräch zu kommen. Und das erreichen Sie am besten, wenn Sie Ihr Gegenüber zum Sprechen animieren. Viele wissenschaftliche Untersuchungen haben gezeigt, dass Menschen andere Menschen vor allem dann als positiv und interessant wahrnehmen, wenn ihr Gegenüber ihnen zuhört.

Selbstverständlich sollte das Ganze nicht in eine Befragung ausarten und Sie sollten sich auch einbringen können. In einer Situation, in der wir uns unsicher fühlen, haben wir aber oft die Tendenz, mehr zu sagen als sonst.

Ausstrahlung und Körpersprache

Wissenschaftlichen Erkenntnissen zufolge beeinflusst unsere Körpersprache weit über 50 Prozent unserer Kommunikation. Unser Gegenüber nimmt auf diese Weise sehr schnell wahr, ob das, was wir mit Worten ausdrücken, mit der Realität übereinstimmt.

Kennen Sie das geflügelte Wort, dass es keine zweite Chance für den ersten Eindruck gibt? Und gerade der erste Eindruck besteht zum überwiegenden Teil aus dem, was unser Körper sagt. Neben Aussehen und Kleidung tragen auch Haltung, Ausstrahlung und Gestik ihren Teil bei. All diese Informationen nimmt unser Gegenüber wahr, noch bevor wir ein einziges Wort geäußert haben.

Körpersprache und Ausstrahlung sind Kommunikationsebenen, auf welchen wir nicht oder nur in beschränktem Rahmen bewusst agieren können. Wenn Sie sich auf eine Person zubewegen, um diese anzusprechen, und Sie fühlen sich bereits, als hätte diese Person jeden Kontakt mit Ihnen abgelehnt, dann werden Sie genau diese Erwartungshaltung ausstrahlen. Sie treten Ihrem Gesprächspartner wie ein verschüchtertes Kind oder wie ein getretener Hund entgegen.

Wollen Sie so wirken? Denken Sie, dass Sie sich damit für Ihren Gesprächspartner attraktiv machen? Dann tun Sie etwas dagegen. Statt sich zu überlegen, was alles schiefgehen könnte, fragen Sie sich, was das Beste ist, was passieren könnte. Malen Sie sich das Ganze farbig aus. Ihr Gegenüber könnte Ihr neuer, bester Freund werden, Ihr Geschäfts- oder Lebenspartner. Stellen Sie sich vor, dass Sie das schon erreicht haben.

Denken Sie an Gesprächssituationen aus Ihrer Vergangenheit, wo Gespräche schon positiv verliefen und die erhofften Resultate brachten. Wenn Sie nun eine positive Vorstellung haben, beginnen Sie zu lächeln. Die Bewegung Ihrer Gesichtsmuskulatur beim Lächeln bewirkt eine Ausschüttung von Endorphinen. Damit fühlen Sie sich automatisch besser und strahlen das auch aus.

Ein weiterer Aspekt ist die Körpersprache. Vermeiden Sie verschränkte Arme, zusammengekrallte Finger sowie Hände in den Hosentaschen. Seien Sie zurückhaltend mit Gestik und stehen Sie möglichst still. Ersteres wirkt auf Ihr

Gegenüber tendenziell ablehnend, Letzteres nervös. Wenn Sie nicht wissen, was Sie mit Ihren Händen tun sollen, halten Sie ein Getränk oder Ihre Tasche.

Suchen Sie Augenkontakt und konzentrieren Sie sich ganz auf Ihren Gesprächspartner. Sie geben dem Gegenüber damit den Eindruck, dass Sie ihm zuhören. Beachten Sie im Gespräch nicht nur die Worte, sondern auch Mimik und Gestik Ihres Gegenübers (das braucht womöglich etwas Übung, hilft Ihnen aber, Ihr Gegenüber besser wahrzunehmen).

Wenn Sie mehr Erfahrung mit Smalltalk haben, können Sie beginnen, die Mimik, Gestik, Sprechgeschwindigkeit, Wortwahl, Satzmelodie etc. Ihres Gegenübers dosiert und klug zu kopieren. Im NLP[1] spricht man in diesem Zusammenhang von »Pacing«.

---

[1] NLP = Neurolinguistisches Programmieren

Themen finden

Im zweiten Teil der Vorbereitungsphase geht es darum, sich Themen zu überlegen, sodass Sie mit Ihrem Gegenüber ein lockeres Gespräch aufbauen können. Solche Themen müssen ein paar Kriterien erfüllen.

Kriterien für Themen:

- positive Themen
- wertschätzende Themen
- keine kontroversen Themen (nichts, das zum »Streit« führt)
- nichts ZU Persönliches
- nichts, was verletzen könnte
- keine Politik, keine Religion, kein Sex

Beim Smalltalk ist Ihr erstes Ziel, mit einer Person ins Gespräch zu kommen. Entsprechend wichtig ist es, ein Thema, aber auch die eigenen Gesprächsbeiträge so zu wählen, dass die Person sich »wohlfühlt«. In dieser Gesprächsphase beschnuppern sich die Beteiligten und bauen einen ersten Kontakt auf. Dazu sind positive Themen wichtig, also Themen, die beim Gegenüber ein positives Grundgefühl auslösen. Es ist nicht zielführend, ein Smalltalk-Gespräch mit einem der »großen Probleme der Welt« zu starten, es sei denn, Sie befinden sich auf einer Veranstaltung, wo dies »das Thema« ist.

Achten Sie ebenfalls darauf, sich in wertschätzender Weise über Ihre Mitmenschen zu äußern. Sie wissen nicht, wie die Einstellung Ihres Gegenübers zur betreffenden Person ist; außerdem wird Ihr Gegenüber sich fragen, wie Sie sich über ihn äußern werden, wenn das Gespräch vorüber ist.

Politik, Religion, Sex und kontroverse Themen

aller Art sollten Sie frühestens ansprechen, wenn Sie mit Ihrem Gegenüber ein solides Gesprächsfundament gebaut haben. Auch zu Persönliches sollten Sie weglassen. Noch haben Sie keine Beziehung zu Ihrem Gegenüber erarbeitet. Menschen, die gleich die halbe Lebensgeschichte, all ihre Ängste, Sorgen, Gebrechen und Krankheiten auftischen, können ihr Gegenüber schnell überfordern. Achten Sie bei der Wahl der Themen immer darauf, dass Ihr Gegenüber sich darüber tatsächlich unterhalten kann. Wenn Sie nicht gerade auf einem Chemiker-Kongress sind, sollten Sie nicht das Thema diskutieren, für das der letzte Chemie-Nobelpreis verliehen wurde.

Themen, die ich gern in der ersten Gesprächsphase einsetze:

- **Dinge, die ich mag / mich freuen:** Hier bietet sich zum Beispiel ein besonderes Musikstück an, eine besonders schöne

Aussicht, das schöne Wetter, ein neuer Kinofilm …

- **Interessen:** Ihre persönlichen Interessen können für ein Gegenüber interessant sein, seien Sie aber eher zurückhaltend. Es geht darum, ins Gespräch zu kommen, und nicht darum, ihm einen Vortrag zu halten.

- **Aktuelles:** Sie können aktuelle Nachrichten erwähnen, soweit diese nicht zu kontrovers sind. Der Staatsbesuch der Queen kann hier Platz haben, die letzten Wahlhochrechnungen nur beschränkt.

- **Persönliche Neuigkeiten:** Natürlich können Sie darüber reden, dass Sie in der letzten Woche Mutter geworden sind oder Ihr Sohn gerade das zweite Staatsexamen bestanden hat. Der Liebeskummer Ihrer Tochter oder dass Ihre Frau Sie zu einer gemeinsamen Paarberatung eingeladen hat, sind keine so guten Gesprächseinstiege.

- **Sport:** Über Sport hat fast jeder etwas zu

sagen.

- **Hobbys und Freizeitbeschäftigungen:** Besonders, wenn Sie gemeinsame Interessen entdecken, geben Hobbys beinahe unendlich viel Gesprächsstoff her. In den gleichen Bereich gehören auch Musik, Filme, Bücher, TV-Sendungen, Autos ...

- **Eine Geschichte:** Haben Sie etwas Lustiges, Interessantes, Komisches oder Überraschendes erlebt, kann das ein guter Gesprächseinstieg sein, solange die genannten Einschränkungen beachtet werden.

- **Veranstaltungsthemen:** Die aktuelle Veranstaltung oder Lokalität, in der Sie sich befinden, eignet sich ebenfalls als Thema. Auch hier sollten Sie aber niemanden verletzen. Sie wissen nicht, wie Ihr Gegenüber zum Veranstalter oder zum aktuellen Thema steht.

- **Fragen:** Eine einfache Möglichkeit der

Gesprächseröffnung ist es, den anderen etwas zu fragen, beispielsweise zum Veranstaltungsprogramm oder wie er den letzten Vortrag fand.

- **Allerweltsthemen**: Das Wetter, der Ort, wo Sie aktuell sind, oder besondere Merkmale der Umgebung sind ebenfalls unkritische Einstiege.

Ich habe eine ganze Liste solcher Themen, die ich fortlaufend bearbeite. Manche Themen sind inzwischen out, neue kommen dazu.

Natürlich geht es nicht darum, dass Sie die Liste dabeihaben und im Bedarfsfall nachschauen. Und selbst wenn Sie nicht alle Themen im Kopf behalten: Falls Ihre Liste 20, 30 oder 40 Themen umfasst, werden Ihnen im Bedarfsfall bestimmt ein paar einfallen.

Praxisbeispiele für Gesprächseinstiege

Nachfolgend einige Gesprächseinstiege, die sich für mich bewährt haben. So wie Menschen unterschiedlich sind, variieren auch Gesprächseinstiege. Es macht durchaus Sinn, dass Sie Ihre eigenen entwickeln und nicht bloß kopieren. Sehen Sie die nachfolgenden als Inspiration zur Entwicklung eigener. Ich beginne normalerweise mit »Hallo, mein Name ist X ...« Je nachdem, in welchem Umfeld ich mich bewege, wird aus dem zwanglosen »Hallo« auch ein »Guten Abend« oder Ähnliches.

Meine Eröffnungen:

- Kennen Sie den Gastgeber schon lange? / Woher kennen Sie ihn?
- Sind Sie auch aus der XY-Branche? (je nach Event)
- Das Vortragsthema fand ich spannend. Haben Sie mit dem Thema bereits

Erfahrungen?

- Heute ist aber … Wetter, finden Sie nicht auch?
- Wie finden Sie das Essen? Können Sie mir etwas empfehlen?
- Ihre Schuhe gefallen mir sehr. Wo kann man die kaufen?
- Arbeiten Sie schon lange für X?
- Fahren Sie häufiger mit diesem Zug?
- Hatten Sie eine gute Anreise?
- Hatten Sie auch solche Probleme, einen Parkplatz zu finden?
- Was ist Ihre Aufgabe in der Firma?
- Können Sie mir sagen, wo ich hier etwas zu trinken bekomme?
- Wie fanden Sie das XY-Spiel am Wochenende?
- Haben Sie auch so lange im Stau gestanden?

Sie sehen schon: Nicht jedes Thema und nicht jede Frage passt immer. Mit der Zeit werden Sie ein Gefühl dafür entwickeln, was wann passt und zu einem weiterführenden Gespräch überleitet.

Ihr Zugang zu bestehenden Gruppen

Gerade wenn Sie »der Neue« in einer bestehenden Gruppe, einem bestehenden Verein oder einer bestehenden Organisation sind, kann es sehr schwer sein, mit jemandem ein Gespräch anzufangen. Viele Menschen tendieren dazu, sich in der Situation so klein wie möglich zu machen, um ja nicht als »der Neue« aufzufallen. Dadurch reduziert sich die Wahrscheinlichkeit, angesprochen zu werden, zusätzlich.

In einer Veranstaltung, wo sich anscheinend alle bereits kennen und plaudernd zusammenstehen, ist der einfachste Weg, dass Sie sich irgendwo dazustellen. Sagen Sie ganz offen, dass Sie hier noch niemanden kennen und gern dabei sein würden. Sie werden kaum auf Ablehnung stoßen, sondern können sich ins Gespräch einbringen.

Nun gilt es, der Konversation interessiert zu folgen und sich zum Beispiel mit einer Rückfrage aktiv einzubringen. Wenn Sie das nicht können, warten Sie, bis das Gespräch langsam abflaut; anschließend versuchen Sie es in eine Richtung zu lenken, die Ihnen mehr zusagt. Auch in diesem Kontext gilt: »Wer fragt, der führt.« Fragen signalisieren den anderen Ihr Interesse und erhöhen deren Bereitschaft, Ihnen ebenfalls zuzuhören sowie Interesse an Ihren Äußerungen und Fragestellungen bekunden.

Phase 2:
Das Gespräch fortführen

Mit etwas Übung wird es Ihnen zunehmend leichter fallen, anregende Gespräche mit Menschen zu führen. Zwei Ansätze finden Sie nachfolgend beschrieben. Wichtig ist hier vor allem, dass Sie Ihrem Gegenüber aufmerksam zuhören. Dabei haben Sie auch die Gelegenheit, die Fortsetzung des Gesprächs zu planen.

Angebote erkennen

Kennen Sie die Gesprächssituation? Sie haben sich ein Herz gefasst und eine Person angesprochen. Diese reagiert beispielsweise so:

»Tut mir leid, ich kenne mich hier nicht aus. Ich bin erst vor ein paar Tagen in die Gegend gezogen, weil ich nächste Woche eine neue Stelle beginne.«

Als ungeübter Smalltalker stellen Sie womöglich fest, dass mit dieser Antwort alle weiteren Themen Ihrer Themenliste nutzlos sind. Ihr sorgfältig geplantes Gerüst stürzt wie ein Kartenhaus zusammen. Sind Sie dagegen geübter, erkennen Sie in der Antwort ein Angebot für etliche weitere Themen. Beispiele könnten hier sein:

- Woher kommen Sie denn?
- Was für eine Stelle treten Sie an?
- Ich selbst bin in meinem Leben mehrfach umgezogen. Wie haben Sie den Umzugsstress überstanden?
- ...

Auch wenn die Fertigkeit »Smalltalk« heißt, ist die eigentliche Kernkompetenz das Zuhören. Wenn Sie richtig zuhören, werden Sie merken, dass Ihnen Ihr Gegenüber in den meisten Fällen eine Vielfalt von Gesprächsangeboten macht.

Hot Spots erkennen

Hot Spots zu erkennen meint die Fähigkeit, Ihrem Gesprächspartner quasi anzusehen, welche seiner Themen für Sie interessant und passend sein könnten. Wenn Sie nicht schon von vornherein Ihre »Hausaufgaben« machen konnten und kein Bild von der Person haben, achten Sie einmal auf die folgenden Punkte:

- **Kleidung:** vermutlicher Preisbereich, gepflegt, Alter, Stil, zum Anlass passend ...
- **Symbole einer Zugehörigkeit:** Pins, Kragenstickereien, spezielle Ringe, Taschen mit Aufdruck oder Logo
- **Schuhe:** Preisbereich, gepflegt, Alter, Stil
- **Persönliche Erscheinung:** Haare, Bart, Hautton, gesundes oder labiles Aussehen, ungefähres Alter

- **Personen, mit denen sie spricht gerade:** Mit wem unterhält sich die Person? (falls nicht bekannt – auch diese Person nach demselben Muster zu erfassen suchen)
- **Konsum:** Isst, trinkt oder raucht die Person gerade – was?
- **Haltung, Ausstrahlung:** Wie verhält sich die Person, wie interagieren andere Menschen mit ihr?

Haben Sie so ein Bild von Ihrem nächsten Gesprächspartner erhalten, ergeben sich gewisse Themen vielleicht schon und andere fallen weg. Eine unverfängliche Möglichkeit für einen Gesprächseinstieg kann ein Emblem am Kragen oder Revers sein. Dies sind wunderbare Aufhänger zum Nachfragen, was das Emblem bedeute. Ebenfalls ist es eine gute Idee, sich selbst eines solchen Emblems zu bedienen. Sind Sie Fußballfan, kann es das Wappen Ihres Lieblingsklubs sein oder das Logo eines Vereins, der Ihnen am Herzen liegt. Oder legen Sie sich etwas Vergleichbares an, auf das andere Menschen Sie zwanglos ansprechen können. Achten Sie jedoch darauf, keine kontroversen Symbole wie bestimmte Parteilogos zu nutzen, es sei denn, Sie wollen gezielt darauf angesprochen werden und riskieren, dass gewisse Menschen Sie aus dem Grund meiden.

Phase 3: Das Gespräch vertiefen

Nachdem Sie sich gegenseitig verbal abgetastet haben und eine gemeinsame Kommunikationsbasis erstellt wurde, erkennen Sie beide, ob Sie ein tiefergreifendes Gespräch führen möchten. Es ist in Ordnung, wenn Sie auf der Ebene der oberflächlichen Plauderei bleiben. Ebenso können Sie jederzeit entscheiden, das Gespräch zu beenden. In Phase 4 gebe ich Ihnen dazu einige Ratschläge.

Die am häufigsten angewandte Möglichkeit, ein Gespräch über die Ebene der Plauderei zu heben, ist es, von sich selbst etwas preiszugeben oder dem anderen eine Frage zu stellen, die ihn dazu auffordert, persönliche Dinge über sich zu erzählen.

Das mag am Anfang etwas Überwindung kosten und natürlich braucht man einiges an Fingergespür, damit man sein Gegenüber durch die Aussagen und Fragen nicht überfordert. Sie werden aber merken, dass dieser Schritt Ihre Beziehung zum Gegenüber zusätzlich festigt. Voraussetzung dafür ist aber, dass Sie im oberflächlichen Austausch eine gute Kommunikationsbasis geschaffen haben.

Nun können Sie auch zu kontroverseren Themen vordringen. Wenn das Gespräch von gegenseitiger Sympathie geprägt ist, lassen sich solche Themen bestens erörtern. Ihr Gegenüber kann jetzt ebenfalls damit umgehen, wenn Sie in einigen Themen nicht übereinstimmen, und fühlt auch Offenheit bei Ihnen, falls er eine andere Meinung hat. Basis dafür ist immer ein respektvolles, wertschätzendes Kommunikationsklima und die Bereitschaft, wechselseitig auch abweichende Meinungen zu akzeptieren.

Beispielfragen, um ein Gespräch auf eine persönlichere Ebene zu bringen:

- Was ist Dir wichtig im Leben?
- Was sind Deine beruflichen / persönlichen Ziele?
- Wieso hast Du den Beruf XXX / die Firma YYY gewählt?
- Hast Du Kinder oder wünschst Du Dir welche?
- Was war Dein Traumberuf, als Du ein Kind warst?
- Was macht Dich glücklich?
- Was inspiriert Dich?
- Wo siehst Du Dich in 10 Jahren?

Phase 4: Das Gespräch beenden

Es gibt unterschiedliche Gründe, weshalb ein Gespräch beendet wird. Es kann sein, dass sich Ihr Interesse am Gespräch allmählich erschöpft, oder Sie nehmen wahr, wie Ihr Gegenüber unruhig wird. Als guter Gesprächspartner handeln Sie entsprechend.

Wichtig beim Abbruch eines Gesprächs ist immer, dass ein Grund kommuniziert wird. Damit gewinnt der andere nicht den Eindruck, dass er etwas Falsches gesagt hat oder Sie langweilt. Dies könnte den frisch angebahnten Kontakt nachhaltig stören.

Geben Sie deshalb immer einen glaubhaften Grund, weshalb Sie das Gespräch beenden müssen. Bedanken Sie sich für das Gespräch und reichen Sie Ihrem Gesprächspartner die Hand. Dabei können Sie – sofern Sie das möchten – Ihren Gesprächspartner auch nach einem Folgetermin oder seiner Visitenkarte fragen, um das Gespräch zu späterem Zeitpunkt fortzusetzen. Ein Lächeln rundet das Gespräch positiv ab.

Ziele machen den Unterschied

Viele Menschen gehen zu Veranstaltungen, um ihr Netzwerk zu vergrößern. Sei es nun im privaten oder im beruflichen Bereich. Die meisten Menschen haben dabei nur sehr beschränkten Erfolg. Etliche nehmen – soweit sie denn ausliegt – die Teilnehmerliste heim und haben dann den Eindruck, dass sie etwas erreicht hätten. Andere sind stolz, dass sie mit vier oder fünf Menschen gesprochen und von der Hälfte sogar eine Visitenkarte erhalten haben.

Erfolgreiche Netzwerker gehen anders vor. Sie planen Veranstaltungen bereits im Voraus. Wo immer möglich, beschaffen Sie sich die Information, wer an der Veranstaltung teilnehmen wird (beispielsweise wenn Events über XING organisiert wurden und die Teilnehmerliste für alle Gäste freigeschaltet ist).

Machen Sie das auch. Analysieren Sie im Vorfeld, wer die Teilnehmer sind und was an diesen interessant sein könnte. Wer für Sie von Interesse ist, kommt auf Ihre persönliche Aufgabenliste. Ihre selbst gestellte Aufgabe für den Abend kann es sein, mit diesen Personen in Kontakt zu treten und eine Visitenkarte zu bekommen. Wenn eine der Personen, mit denen Sie sprechen wollten, nicht zur Veranstaltung erscheint oder Sie keine Gelegenheit zum Gespräch hatten, spricht nichts dagegen, dass Sie die Person nach der Veranstaltung kontaktieren und ihr sagen, dass Sie am Abend gerne mit ihr gesprochen hätten. Aus einem solchen Anruf kann sich eine Verabredung zum gemeinsamen Mittagessen oder ein Gesprächstermin für die nächste Veranstaltung ergeben.

Haben Sie im Vorfeld keine Informationen über die Teilnehmer, sollten Sie sich zumindest quantitative Ziele setzen: Zum Beispiel wollen Sie mindestens mit zehn neuen Personen ins Gespräch kommen und dabei fünf Visitenkarten sowie eine Terminvereinbarung für ein weiteres Gespräch erhalten.

Fehler beim Smalltalk

Viele Menschen machen negative Erfahrungen mit Smalltalk und können oft nicht sagen, wo der Fehler lag. Natürlich gibt es viele Fehlerquellen. Die häufigsten sind aber:

- **Ausfragen:** Es gibt einen feinen Grat zwischen interessiertem Fragen und Ausquetschen des Gegenübers. Während das Erstere Interesse an der Person signalisiert, fühlt er sich bei Letzterem verhört.
- **Angeberei:** Natürlich dürfen Sie Ihre positiven Seiten zeigen. Wer aber bei allen Themen zu verstehen gibt, dass er der Topfachmann ist, alles kennt, überall war etc., wirkt auf sein Gegenüber bald unsympathisch. Im Zweifelsfall ist es besser, gemeinsam über ein kleines

Missgeschick zu lächeln, als andere Menschen damit beeindrucken zu wollen, dass man ein »Held« sei.

- **Kontroverse Themen und Äußerungen:** Wer den Einstieg über kontroverse Themen sucht oder Provokationen und Sticheleien als Gesprächsbeginn wählt, riskiert schnell, allein dazustehen.

- **Empathiemangel:** Wer seinem Gegenüber den Eindruck gibt, es nicht wahrzunehmen und zu schätzen, wird Entsprechendes zurückbekommen.

- **Verkaufsgespräch eröffnen:** Immer wieder springen Menschen nach drei Sätzen »Alibi-Smalltalk« ins Verkaufsgespräch. Da wird plötzlich die Absicherung fürs Alter oder die Versorgung mit Vitalstoffen zum Thema und es wird kommuniziert, dass man selbst der Topfachmann sei und ein wundervolles Produkt anbiete. Sie erkennen dadurch nicht nur den ungeübten Smalltalker, sondern auch einen erfolglosen Verkäufer, der unheimlich viel »Druck« hat.

- **Rechthaberei und mangelnde Toleranz:** Es gibt Menschen, die Gespräche zu dominieren trachten. Mit ihren Äußerungen machen sie klar, dass sie recht haben und keine andere Meinung gelten lassen. Die Gesprächspartner fühlen sich nicht wahrgenommen, zurechtgewiesen, unterdrückt und werden das Gespräch abbrechen oder nur auf einem oberflächlichen Level weiterführen.

- **Sie reden zu schnell, zu viel, zu undeutlich:** Gerade wenn sie sich unsicher fühlen, neigen viele Menschen dazu, undeutlich, zusammenhangslos, zu viel oder zu schnell zu sprechen. Achten Sie besonders beim Smalltalk darauf, klar und deutlich zu sprechen. Es ist wichtig, dass Ihr Gegenüber Sie gut versteht.

Nacharbeiten

Wenn Sie Smalltalk nicht nur zum Zeitvertreib machen, gehört auch Nacharbeit dazu. Legen Sie sich eine Kartei mit den Menschen an, die Sie so kennenlernen. Im elektronischen Zeitalter kann die Kontaktverwaltung auch mit einer Software oder einem Online-Tool geschehen. Hier fügen Sie alle Daten des Kontaktes ein, die Ihnen – aber viel mehr noch Ihrem Gesprächspartner – wichtig sind. Setzen Sie sich auch Termine für nächste Treffen. Gerade Smalltalk-Kontakte haben eine relativ geringe Halbwertszeit, innerhalb der sie reaktiviert werden müssen, wenn sie nicht verloren gehen sollen.

Stellen Sie sich vor, wie Ihr neuer Kontakt reagieren wird, wenn Sie ihn in der kommenden Woche anrufen und ihn fragen, wie seine Reise nach X lief. Oder bitten Sie ihn, seiner Frau von Ihnen alles Gute zum Geburtstag zu wünschen, weil Sie sich nach dem Gespräch notiert hatten, dass diese am 17.6. Geburtstag habe. So beginnen Sie aus einem guten ersten Kontakt eine Beziehung aufzubauen.

Das Übungsprogramm

Smalltalk kann man lernen und trainieren wie Hochsprung, Fahrradfahren oder ein Instrument zu spielen. Nehmen Sie sich einen Monat Zeit, um Ihre Fähigkeiten nachhaltig zu verbessern und sich Smalltalk zu einer positiven Gewohnheit zu machen.

Ihr Programm

- Lesen Sie täglich mindestens die ersten drei Seiten einer größeren Tageszeitung (die auch nationale und internationale Themen darstellt) oder schauen Sie bewusst täglich eine Nachrichtensendung. News sind wundervolle Smalltalk-Themen, zu denen jeder etwas zu sagen weiß.
- Überlegen Sie dazu (oder zu weiteren Themen) fünf Smalltalk-Fragestellungen,

mit denen Sie ein Gespräch eröffnen oder in Fluss halten können.

- Sprechen Sie jeden Tag mindestens eine Person an und verwickeln Sie diese in ein kurzes Gespräch. Es zählt nur, wenn Sie mindestens fünf Minuten im Smalltalk geblieben sind.

- Wenn Sie Smalltalk im Business-Kontext einsetzen, tauschen Sie danach mit mindestens einer Person die Kontaktdaten bzw. Visitenkarten aus.

- Führen Sie ein Erfolgstagebuch, in dem Sie jeden Abend festhalten, was funktioniert hat und was nicht. Wenn Sie zu wenig Erfolg hatten, lesen Sie nach, was Sie an erfolgreicheren Tagen anders gemacht haben, und versuchen Sie es so.

3 – 2 – 1 – Start!

Herzliche Gratulation. Nun wissen Sie alles, was Sie brauchen, um ein erfolgreicher Smalltalker zu werden und damit Ihr berufliches und privates Netzwerk erheblich zu erweitern.

Seien Sie sich aber eines bewusst: Was Sie wissen, bringt Ihnen keinen Erfolg – nur das, was Sie anwenden, bringt Sie weiter. Es liegt an Ihnen, ob Sie einfach ein weiteres Buch gelesen und sich damit die Zeit vertrieben haben, oder ob Sie Ihr Wissen aktiv und erfolgreich anwenden.

Immer wieder höre ich von Menschen, dass sie nach dem Urlaub, nach den Feiertagen, nach dem Wochenende, nächste Woche oder nächsten Monat, wenn es weniger zu tun gibt, anfangen wollen, sich weiterzuentwickeln. Das ist natürlich ihre Entscheidung, und die werde ich akzeptieren. Aber seinen Sie ehrlich: Wenn Sie nicht heute noch beginnen, einen Menschen anzusprechen (das kann auch im Urlaub am Strand, auf der Feiertagsparty, beim Sonntagsspaziergang oder in der Mensa sein), dann sinkt die Wahrscheinlichkeit, dass Sie es je tun werden, gegen null.

Einzig Sie entscheiden, ob Sie mit dem Gelernten zum erfolgreichen Netzwerker werden.

Ich wünsche Ihnen dabei viel Erfolg!

Ihr Daniel Kern